ござる訓の「生きる」を助ける言葉

GOZARUKUN

カオリユカリ

（ はじめに ）

ずっと、ずっと、ずっと前…。

ボクは、引き出しの中にいました。

真っ暗な世界に、ひとりぼっちでした。

いつになったら、出られるのだろう…。
本当に、そんな日がくるのだろうか…。

ネガティブなことばかり、考えるようになりました。

このままでは、心がどんどん、下を向いてしまう。

ボクは、意識を望むほうへと向けることにしました。

みんなの「生きる」を助けたい！
必ず、その日はやってくる！

そんな想いで過ごす中、
ある日、ひと筋の光が射しました。

今、こうして、
この場で、みなさまと出会えたこと、
とても感慨深いです。

ボクが、
みなさまにとっての「生きる」を助ける、
そんな存在になれたら嬉しいです。

ござる

CONTENTS

はじめに …………………………………………… 002

1 悩み・不安から 自分を救うヒント

誰かの言葉にもう傷つかない ……………………………… 010

不安になっても大丈夫 ………………………………………… 014

悩んでも仕方のないことで悩まない …………………… 018

嫌な気持ちをひきずらない ………………………………… 022

背負うのは今日の自分だけ ………………………………… 026

「何度か」ダメでも「ずっと」ダメではない …………… 030

2 目標達成・願望実現を 叶えるヒント

できないときがあったっていい …………………………… 036

正しく射れば必ず当たる	040
焦ってもやみくもに動くな	044
やってみよう！ の賞味期限	048
小さくても着実な前進	052
肩の力を抜いて楽しみながら進もう	056
願望の種は咲くべきときに必ず花開く	060

3 逆境・困難に負けないヒント

困難には臆することなく対峙せよ	066
どんな問題にも解決策はある	070
「大丈夫」には不思議な力がある	074
つまずいても人生そこで終わりじゃない	078
起こることはすべて自分にとって吉	082
すべてはあるべくしてある	086

4 自分を信じるためのヒント

自分の感覚を信頼しよう ……………………… 092
新しい自分を始めるためのサヨナラ ……………… 096
「自分らしく在る」とは心が自由でいられること …… 100
自分をちゃんと見てあげよう ……………………… 104
それぞれにはそれぞれの味がある ………………… 108
思う存分「自分」を生きよう ……………………… 112

5 人生を力強く生きるヒント

勇気を出して本心に従え ………………………… 118
心の在り方次第で人生は豊かになる ……………… 122
今あるものにありがとう ………………………… 126
自分の人生の舞台で主役であれ …………………… 130

「人生」という名の答案用紙 ………………………… 134
どんな荒波にも負けるもんか ………………………… 138

ブックデザイン／市川さつき

1

悩み・不安から
自分を救うヒント

心が下を向いたとき、
そんな自分に寄り添ってあげよう。
誰かに癒やしてもらう以上に、
癒やしになるから。

GOZARUKUN

誰かの言葉に
もう
傷つかない

最初の1ページを読んだだけで、
本全体を理解することは
できない。

人も、同じ。

それなのに…

「一面」だけを見て、

「すべて」をわかったつもりで
決めつけてくる人がいる。

そんな誰かの言葉に、
嫌な思いをしたり、
悲しくなったり…。

だけど、ボクは思う。

自分のすべてを知らない「誰か」が、
背景にあるストーリーを知らない「誰か」が、

「自分という人間」を語ることなんてできない、と。

そんな「誰かの言葉」のせいで、
自分が傷つくのはもったいない、と。

大切なのは、

「他人が自分をどう思っているか」より、
「自分が自分をどう思っているか」だ。

もしも、

「誰か」がキミを傷つけるような言葉を放ってきたら、

思いっきり、
吹き飛ばしてやれ!

GOZARUKUN

不安に なっても 大丈夫

望まない光景と一緒に、
胸にやってくる「不安」。

遠ざけようとしても、
追いかけてくる「不安」。

頭に浮かぶ映像が、
未来の現実を
つくってしまいそうで、
怖くなる。

だけど、
ある日、ボクは知った。

不安の正体を。

「なぜ、こんなに不安になるのだろう」
不安を繰り返すボクは、
不安の源を恐る恐る探っていった。

すると、そこには、
ボクの「願い」が隠れていた。

不安は、
ボクの願いがあるからこそ、
生まれたものだった。

悪いものでも、
怖いものでもなかった。

これからは、
不安になっても大丈夫。

ボクはもう、

不安の正体を
知っているから。

GOZARUKUN

悩んでも
仕方のない
ことで
悩まない

人はつい、
自分の意思で動かせないものを
動かそうとしたり、

コントロールできないものを
コントロールしようとしたり、

自分では
どうにもできないものに
囚われたりして、
思い悩んでしまう。

そんなときは、
こう考えてみよう。

たとえば、
お金を無駄なものに
使ってしまったとき、

悩んでも仕方のないことを
考え続けるのも、
同じじゃないか？

後悔する。

くどくど考えたところで、
結局のところ、何も変わらない。

そればかりか、
どんどん自分を嫌な気持ちにさせていく。

そんなことに、
自分の大切な時間を使うのは
もったいない。

人生に与えられた時間は有限だ。

自分の大切な時間を、
わざわざ嫌な気持ちにさせるものと
交換する必要はない。

悩みに囚われそうになったら、
こう言って断ち切ろう。

GOZARUKUN

嫌な気持ちを
ひきずらない

真っ白な
コーヒーカップに、

どんな色や柄をつけるかで、
違って見える。

状況や出来事も、同じ。

どんな意味をつけるかで、
違って見える。

嫌な気持ちになったとき、
つい状況や出来事の
せいにしてしまう。

だけど、本当は
嫌な気持ちにさせる意味を
つけてしまった、
自分のせいなのだ。

起こった出来事は変えられない。
だけど、そこに「どんな意味をつけるか」は、
自分次第でいくらでも変えられる。

嫌な気持ちになっている自分を
そこから救うことは、

自分で、できるのだ。

背負うのは
今日の
自分だけ

「1日」を
「1つの山」と見立てたら、

毎日、
「1つの山」を登って下る。

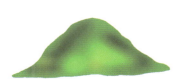

次の日は、
また新しい「1つの山」を。

その次の日は、
また新しい「1つの山」を。

そうやって、
毎日「1つの山」を登りきる。

だけど、ついボクは、
「今日の山」を登りながら、
いろんなことを考えている。

リュックの中には、
「今日1日分の荷物」だけでいいのに、
「何日分もの荷物」を背負い、

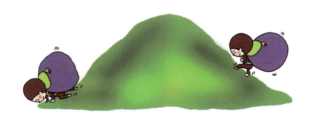

山を下りるころには、
ヘトヘトに疲れている。

だから、ボクは、
ときどき自分に言う。

背負うのは
「今日の自分」だけで
十分だ。

「何度か」
ダメでも
「ずっと」
ダメではない

コインを投げて
「裏」が出た。

「表」が出てほしいのに、
何度投げても「裏」が出る。

そのうち
不安や疑いが襲ってきて、

コインを投げることが
…怖くなる。

人はつい、
「何度か」うまくいかなかったりすると、
「今後もずっと同じようになる…」
そう、思い込んでしまう。

だけど、それは
誤った思い込みだ。

コインを投げて、
「何度か」裏が出たからといって、
「いつも」「絶対に」「ずっと」ではないのだ。

恐れず
コインを投げてみよう。

きっと、
そのことに

気づくだろう。

2

目標達成・願望実現を叶えるヒント

「いつか」を考えず、「いつか」のために。
焦るな。必要以上に心配するな。
その日は必ずやってくる。

GOZARUKUN

できないときが
あったっていい

最初は、
軽く決めたことだった。

だけど、いつしかそれは、
「ルール」へと姿を変え、

「守る」ことを自らに義務づけ、

「守れなかった」ときは、
罪の意識すら感じた。

気がつくと、心もからだも、
疲れ果てていた。

思えば…

ボクの「ルール」は、
ボクの頭の中にしかない。

破ったからといって、
誰かに迷惑をかけるわけでも、
誰かに罰せられるわけでもなかった。

いつの間にか、
ボクは、自分で自分を苦しめていた。

息苦しかったのは、
破ることを許さなかった、
ボク自身のせいだった。

ボクは、
その「ルール」から、
自分を解放してあげることにした。

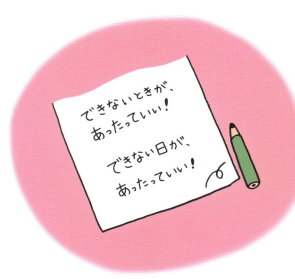

…そう、但し書きをつけた。

正しく射れば
必ず当たる

目標を達成したいとき、

弱気になると、　　　　　　　届かない。

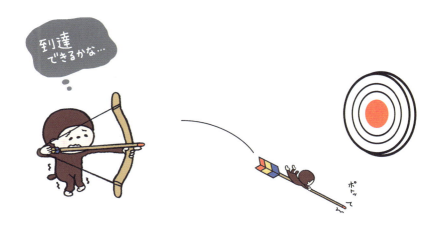

目標達成の最大の敵は、「心を乱した自分」。

見るべき場所だけを見て、
やるべきことをやる。

そうすれば、
必ず達成する。

GOZARUKUN

焦っても
やみくもに
動くな

何かに取り組んでいる最中、　なかなか成果が出なかったり、
周りより後れをとったり
していると感じたとき、

焦りが生じる。

そうして
結果を急ぐあまり、
やみくもに動いてしまう。

だけど
そんな「焦り」からの行動は、
冷静さを欠いている。

どれだけ動き回っても、
たいていは徒労に終わる。

…だから
たとえ焦ったとしても、

動くかわりに
温かいココアでも用意して、

ゆっくり一杯、飲み干そう。

GOZARUKUN

やってみよう!
の賞味期限

食品には
賞味期限がある。

「やりたい!」
「やってみよう!」にも
賞味期限がある。

その気持ちは
最初が一番勢いがある。

でも、少し
とっておいたりすると、

新鮮さを失ってゆく。

すぐに手をつけないと、
どんどんどんどん、
いろんな雑味が混じってくる。

そして、
「またいつか」という言葉で
封をされ、
やがて忘れ去られてしまう。

なんてもったいないことだろう。

せっかく心に湧いた「大切な想い」なのに。

その想いの中には、
「大切なもの」が隠れているのに。

心から湧き立つ想いなら、
おあずけなんかせず、

すぐさまその声に従おう。

「やりたい!」
「やってみよう!」の気持ちが
腐ってしまう前に。

GOZARUKUN

小さくても
着実な前進

手にしたいものが
できた。

だけど、あまりに遠いと
心は萎え、
進もうとした足は止まる。

そうならないように、
まずはごくごく簡単な
「今の自分にできそうなこと」を
見つける。

小さなことでいいから、
そこから始めてみる。

たとえ小さなステップでも、
その達成感が
次のステップを踏ませてくれる。

それができたら、
次のできそうなことへ。

それができたら、
また次へ。

そして、
また次へ…。

そうやって、
小さな「できた!」を繰り返していく。

いつしか、
心には希望が生まれ、

その気持ちが、
前へ前へと
引っ張ってくれる。

「小さな一歩」でも、
着実に積み重ねていく。

ゆっくりでもいいから、
着実に進んでいく。

その一歩は、
「無理かも…」を
「できるかも!」に変える。

気がつけば、
「遠くに思えた場所」は、
「手の届きそうな場所」へと変わっている。

GOZARUKUN

肩の力を
抜いて
楽しみながら
進もう

何かに向けて、
頑張っている。

そんな毎日は、
まるで「ひとりすごろく」のよう。

サイコロを振って、
一歩進む日もあれば、

六歩進む日もある。

いきなり
五歩下がる日もあれば、

スタートまで
戻ってしまう日もある。

いい調子で
コマを進めたかと思えば、

ひと休みの日もある…。

だけど、
すごろくには
「ゴール」がある。

ひと休みしても、
後戻りしても、
必ずゴールはくる。

そして、
忘れてはいけない。

すごろくの醍醐味は、
ゴールまでの道のりを楽しむことにある。

さぁ、肩の力を抜いて。

楽しみながら進もう!

GOZARUKUN

願望の種は
咲くべきときに
必ず花開く

心にまいた願望の種。
どんなふうにして、
いつ花開くか、
すべて種が知っている。

それなのに、
自ら種の成長を
邪魔してしまう
ことがある。

世間の常識や
自分の思い込みと
照らし合わせて、
疑いの目で見たり、

水をあげるかわりに、
ネガティブな言葉を
浴びせてしまう。

願望の種を
心にまいたなら、

現実の世界で
必ず花開く。

だから、
安心して過ごそう。

やるべきことは、
やるべきときに、
種が教えてくれる。

すべては、
種にまかせておけばいい。

最善のタイミングで、
最上の花を咲かせてくれるから。

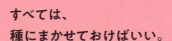

3

逆境・困難に負けないヒント

ほんの少し力がほしいとき、
目を閉じて思い浮かべよう。
ここまでなんとかやってきた自分を。
だから、今だって。

困難には
臆することなく
対峙せよ

今まで何度か、
「困難」というおばけに出くわした。

いろんなおばけがいた。

だけど、すべてに共通することがあった。

「こちらの出方次第で、
相手の出方も変わってくる」ということだ。

こちらが
戸惑いたじろげば、

図にのってくる。

だけど
堂々と立ち向かえば、

おばけは姿を変えた。

おばけは「苦しみ」を
与えるためではなく、

必ず「意味」を
もってやってきていた。

「困難」というおばけに出くわしたら、
現れた理由があると思って、
臆することなく立ち向かえ。

「困難」とは
そういうものなのだから。

GOZARUKUN

どんな
問題にも
解決策はある

靴は、
「右足」と「左足」が
対になっている。

問題ごとも、同じ。
「問題」と「解決」は
対になっている。

「問題」が起こったとき、
すでに「解決策」は存在している。

だけど、
「問題」ばかりに
意識を向けていると、

「解決策」は
見えなくなる。

もしも、
問題が起きたら
心を落ち着かせよう。

そうしていると、
ある日、
思わぬところで見つけたり、

誰かから
差し出されたり、

突然、頭に
降ってきたりする。

「解決策」を手にしたら、

あとはそれに従って
行動するだけだ。

GOZARUKUN

「大丈夫」には不思議な力がある

真っ暗なトンネルを歩いているようだった。

歩いても
歩いても

一向に出口が見えなくて。

この先、

どれくらい歩けば
いつまで歩けば

光は見えてくるのだろう。

だけど、

辛いからと
歩みを止めることも怖くて。

ボクは真っ暗なトンネルを歩き続けた。

逆境・困難に負けないヒント　　075

何度も、心が泣きそうになった。
何度も、心が萎えそうになった。

そのたびに、顔を上げてこう言った。

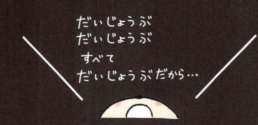

だいじょうぶ
だいじょうぶ
すべて
だいじょうぶだから…

「大丈夫」のシャワーを
浴びているようで、

「大丈夫」に
覆われているようで、

ボクは、
なんだか安心した。

「大丈夫」には
不思議な力がある。

暗闇の中、
いつも、

ボクの足もとを照らしてくれたから。

GOZARUKUN

つまずいても
人生そこで
終わりじゃない

生きていると
つまずくことがある。

そうとしか
思えないかもしれない。

だけど、
その「つまずき」は、
長い「人生」からすれば
「一時」だ。

「一度もつまずかない人生」が
ないように、
「ずっとつまずいたままの人生」
もない。

つまずいたからこそ、
見えるものがある。

つまずかなかったら、
手にできなかった力もある。

大事なのは、
「つまずかないようにする」のではなく、
「つまずいた後どうするか」だ。

下を向き、
悲しむばかりでは
自分の涙で溺れてしまう。

しばらく
起き上がれなくたっていい。

だけど、
自分をあきらめるな。

自分をあきらめない限り、
また歩き出せるから。

だから、
「もう、人生終わった…」なんて
言ったりするな。

GOZARUKUN

起こることは
すべて
自分にとって吉

どんな状況にも
動じない心でいられるよう、

ボクが口にしている
決まり文句がある。

そこに確かな理由はない。

ただそう決めて、その前提で、
出来事や状況を見ているだけ。

そうすることで、

自分の行動の結果が
気になるときも、

結果に
執着しなくなったし、

相手の言動が自分の
今後を左右するときも、

平静でいられた。

困難と思われるような
状況に陥ったときでさえ、

前を向けた。

ボクが勝手に決めたことだけど、
そう考えることで、そう信じることで、
自分の進むべき道を堂々と
歩いていけるようになった。

もしも、
不安や心配に押しつぶされそうになったら、

もしも、
起きた出来事や状況に負けそうになったら、

こう、自分に言ってみよう。

GOZARUKUN

すべては
あるべくして
ある

今、振り返ると思う。

――と。

開けようとしても
開かなかった扉は、

本当の望みを気づかせる
ためにあった。

つなごうとしても
振りほどかれた手は、

最良な手と
つながるためにあった。

進もうとしても 足止めされた道は、  最適なルートへ 向かわせるためにあった。 	回り道に思えた 道のりは、  自分にとって必要なものを 拾い集めるためにあった。

そのときは、気づけなかった。

だけど、本当はいつも

自分の「心にある望み」へと向かって、
物事は進んでいた。

自分が知らないだけで、
すべてにはちゃんと理由があった。

生きていると、

想定どおりにいかず、
しょげることもあるだろう。

だけど、
判断を急いではいけない。

ずっと先の自分から見たら、

そう、思える日がくるから。

自分を信じる
ためのヒント

自分自身に頼れる強さを持ちたい。
自分を信頼すること、
自分自身であること、
それに勝るものなんてない。

GOZARUKUN

自分の感覚を
信頼しよう

いろんな場面で、
アドバイスを
受けるときがある。

だけど、
ボクは、すぐには
そのアドバイスを鵜呑みにしない。

まずはいったん、
自分の中に取り入れ、
考える。

自分を信じるためのヒント　　093

そして、もし、　　　　　　だけど、もし、

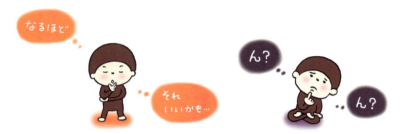

納得したら、参考にする。　　納得しなかったら、
　　　　　　　　　　　　　　感謝はするけれど取り入れない。

特に、自分より知識や経験がある人からのアドバイスは
「正しい」と思いがち。

だけど、
たとえ、そういう人たちからのアドバイスであっても、
「ん?」という違和感があったら、その感覚に従う。

「自分にとって何がいいか」は、
自分以外、誰にもわからない。

「どうしたらいいか」は、
自分の心が教えてくれる。

自分の感覚を信頼しよう。

GOZARUKUN

新しい自分を
始めるための
サヨナラ

「新しい自分」を始めるために、
ずっとつないできた手を
離さなければいけないときがある。

長い間つないできた手の感覚に
慣れすぎてしまって、

簡単には
離せないかもしれない。

心に、
いろんな抵抗を
感じるかもしれない。

だけど、
そのままでは「新しい自分」は始められない。

だから、
焦らず、
逃げ出さず、

自分と向き合うんだ。

ゆっくり、じっくり、しっかり、
自分と向き合うんだ。

やがて、
「サヨナラ」できるときがくる。

手を離した瞬間、
心はきっと軽くなるはずだ。

だってこれは、

「悲しいサヨナラ」じゃない、
「前向きなサヨナラ」なのだから。

自分の中で
しっかり「サヨナラ」できたとき、
「新しい自分」は始まっている。

GOZARUKUN

「自分らしく
在る」とは
心が自由で
いられること

「自分らしくいられれば、輝ける」

だけど、

「自分らしく在る」って、
どういうことだろう？

イマイチ、よくわからない。

でも、

「自分らしくいられない」は、
　　なんとなくわかる。

他の誰かみたいに
なろうとすること。

周りに一生懸命
合わせようとすること。

他人視点で
物事を考えてしまうこと。

世間の価値観に従って
生きようとすること。

難しく考えなくても、

「自分らしくいられない」ことを
やらなければ、

ずっと
「自分らしく」いられる。

「自分らしく在る」とは、

自分の心が
自由でいられること

…なのかもしれない。

自分を信じるためのヒント

GOZARUKUN

自分を
ちゃんと
見てあげよう

まだ何も、
確かなものがつかめていない。

まだ、
こうありたい自分にはほど遠い。

そんな自分に、
ダメ出しばかり。

だけど、
ちゃんと自分を見てあげよう。

やるせない気持ちを
呑み込みながら、
「いつか」のために
頑張っている自分。

たまにふてくされたり、
落ち込んだりすることも
あるけれど、自分なりに
懸命に生きている。

それを一番知っているのは、自分。

他人や世間は、
結果でしか
見てくれないかもしれない。

だけど、
「自分」だけは、
「自分」にしか見えないところを
見過ごさず、取りこぼさず、見てあげよう。

ちゃんと「自分」を見てあげよう。

そうしたらきっと、

自分が違って見えるから。

自分を信じるためのヒント

GOZARUKUN

それぞれには

それぞれの

味がある

果物の実は、
それぞれ色も形も味も違う。

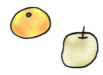

暑さに強いものもあれば、
寒さに強いものもある。

天気の変化に
敏感なものもあれば、
動じないものもある。

早く成長し、結実するものもあれば、
時間をかけて、ゆっくり成長するものもある。

自分を信じるためのヒント

柿は、
桃に追いつこうと
焦ったりはしない。

びわは、
スイカと大きさを
比べたりはしない。

さくらんぼは、
ぶどうの粒を
数えたりはしない。

みかんは、
メロンを
羨ましがったりはしない。

それぞれ、
実がなる早さを競い合ったり、
実の数や大きさを比べ合ったりしない。

高い場所になろうが、
低い場所になろうが、気にもしない。

それぞれには、
それぞれの性質があり、
適した場所があり、必要な時間があり、

それぞれが、それぞれのタイミングで、
実を結ぶことを知っているから。

そして、それぞれの味があることを、
忘れてはいないから。

GOZARUKUN

思う存分
「自分」を
生きよう

ボクたちはみんな、

地球が誕生して以来、
同じ人がひとりとしていない、

唯一無二の存在。

いろんな人たちの巡り合いの中、
いろんな人たちの遺伝子を受け継いで、

「自分」が生まれた。

地球上にいられる時間は、
限られている。

「自分」として生きられる時間は、
限られている。

もっと「自分」を大切にして、
もっと「自分」を愛してあげて、
もっと「自分」の力になろう。

忙しい毎日に
自分を置き去りにせず、

もう少し
自分をかまってあげよう。

勇気が必要なときは
縮こまらず、

自分のために
一歩を踏み出してあげよう。

心がどーんと沈んだときは、

全力で自分を励まそう。

どんな自分も否定せず、

丸ごと自分を愛してあげよう。

「自分」としていられることの
大切さを噛みしめながら、

思う存分、
「自分」を生きよう。

この世に
たったひとりの、

かけがえのない
「自分」なのだから。

5

人生を力強く
生きるヒント

自分にしか歩めない自分の人生。
自分の心を道しるべに
力強い一歩を踏み出そう。
今日も、明日も、明後日も。

GOZARUKUN

勇気を出して
本心に従え

人生には、
さまざまな選択がつきものだ。

どれを選ぶかは、
自分で自由に決められる。

それなのに、
人は無意識に、
何かを制限して選んでしまう。

「恐れ」の気持ちから、　　　　「世間一般」の視点から、

「他人の目」を気にしたり、　　「過去の経験」からだったり。

もしも、
そうやって答えを出そうとしていたら、
そんな自分に

もう一度、
自分と向き合い、心に聞いてみるんだ。

「すべて可能だとしたら、
自分はいったいどうしたい?」

その答えに従うには
勇気が必要なときもある。

だけど、

その勇気を出すかわりに
受け取るものは、とても大きい。

自分を信じて、
心が向くほうへ向かっていけ!

GOZARUKUN

心の在り方
次第で
人生は
豊かになる

人生を豊かにするものは
なんだろう。

だけど、

「これだけは外せない…」のは、
「心の在り方」だとボクは思う。

日常の当たり前にも
ありがたいと思える心。

相手の立場になって
考えられる心。

その心は、
「人生を満ち足りたもの」に
してくれる。

その心は、
「人生を愛あふれるもの」に
してくれる。

苦難を肯定的に
捉えられる心。

厳しい状況に
たじろがずにいられる心。

その心は、
「人生に多くの気づき」を
与えてくれる。

その心は、
「人生を切り拓いて」くれる。

やっぱり、
「心の在り方」は大事だ。

そして、同時に思った。

今あるものに
ありがとう

「どこに意識を向けるか」で
人生は大きく変わる。

その年は、

嘆き続けている間に、

落ちた実を嘆いた。

完熟した実は腐って落ちた。

明くる年は、

他の木と比べて嘆いた。

嘆き続けている間に、

完熟した実は腐って落ちた。

そのまた明くる年は、

たった1つの実に
感謝した。

心で受け取った、

その
たった1つの実は
やがて…

心で受け取った世界を
創り出した。

「今あるもの」に
気づけるか、気づけないかで、
人生は大きく変わる。

GOZARUKUN

自分の
人生の舞台で
主役であれ

いつからだろう…?

「自分の人生」という舞台では、
自分が「主役」であるべきなのに、

気づかないうちに、
自分を「脇役」にしていることがある。

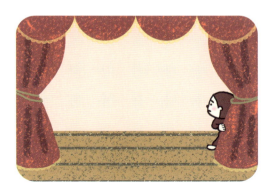

「誰か」の顔色ばかりを
うかがって、

「誰か」を優先して、

言いたいことを我慢したり、

いつも自分を後回しにしたり、

「誰か」の求める
理想の人にならなければと、

「誰か」の目を気にして、

自分を偽ったり、

自分のやりたいことを
あきらめたり…。

だけど、
そんなふうに
生きて、

そのまま
舞台の幕が

閉じてしまっても
いいのだろうか？

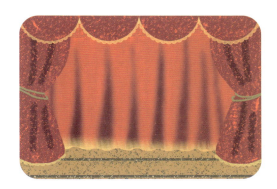

舞台の上演は、たった一度きり。

自分が
生きたいように
生きよう。

誰にも
遠慮はいらない。

「自分の人生」
なのだから。

GOZARUKUN

「人生」という名の答案用紙

自分の名前が書かれた
「人生」の答案用紙。

そこには、
いくつかの「問い」が
用意されている。

選択問題も
出てくるだろう。

すべての問いは、
「自分がどう生きていくか」。

その問い、1つひとつに
向き合い、
自分で答えを出していく。

そんなときは
「世間一般」で選ばず、

自分の心が動くものを
選ぼう。

難題も、いくつか
出てくるかもしれない。

もしも、ひとりで
解けそうにないなら、
誰かに相談してもいい。

だけど、最後は
自分が責任をもって
答えをだそう。

解答に
どれだけ時間がかかってもいい。

答えを見つけていく過程も、大切なのだから。

自分の名前が書かれた、
人生の答案用紙。

そこに書かれた答えが、
「自分の生き方」だ。

そこに、
どんな答えが書かれていようと、

これから、
どんな答えが書かれようと、

自分にとっては、◎なのだ。

GOZARUKUN

どんな
荒波にも
負けるもんか

ボクは、ボクにしか
漕ぐことのできない
舟に乗っている。

波に大きく揺らされ、
気持ちが揺れる日も
あった。

漕いでも、漕いでも、
何も変わらない日も
あった。

進んだと思ったのに、
引き戻される日も
あった。

予測困難な波に、
呑み込まれそうになる日も
あった。

通り過ぎていく船が、
羨ましく感じる日も
あった。

だけど、

ボクは

どんなときも、
2つのオールを
手放さなかった。

右手には、
「意志」という名のオールを。
左手には、
「希望」という名のオールを。

しっかり握っていた。

これからも、
しっかり握って、漕いでゆく。

どんな荒波が
やってこようとも、

負けるもんか。

最後に…。

みなさま、忘れないでください。

ボクは、いつも、ここにいます。
ずっと、ここに、います。
あなたの、そばにいます。

購入者限定特典のご案内

本書をご購入いただき
ありがとうございます。
最後まで読んでくださった
みなさまに感謝の気持ちをこめて、
「幸せを運ぶござる訓お守り」(壁紙)
をプレゼントします。

（　ダウンロードするには　）

二次元コード認証アプリを立ち上げ
(お持ちでない場合はダウンロードしてください)、
二次元コードを読み取ります。
リンク先の特典をダウンロードします。

＊購入者特典は、予告なく変更および中止する場合がございます。
　あらかじめご了承ください。
＊機種によってはダウンロードできないこともあります。

【著者紹介】

カオリユカリ

◉──ふたご姉妹の作家。イラストレーター。かおり&ゆかり名義でも活動。

◉──同志社女子大学卒業後、2人で創作活動を始める。「難しいことをわかりやすく、面白く」をモットーに、言葉とイラストでさまざまなジャンルを表現している。

◉──かおり&ゆかり名義の著書に、『凹まない練習』（日本実業出版社）、『マンガ 書きたくなる作文教室』（PHP研究所）、『奴隷の哲学者エピクテトス 人生の授業』（ダイヤモンド社）などがある。

[Instagram] kaori.yukari

ござる訓の「生きる」を助ける言葉

2025年2月3日　　第1刷発行
2025年3月12日　　第2刷発行

著　者──カオリユカリ

発行者──齊藤　龍男

発行所──株式会社かんき出版

東京都千代田区麹町4-1-4 西脇ビル　〒102-0083
電話　営業部：03(3262)8011代　編集部：03(3262)8012代
FAX　03(3234)4421　　　　　　振替　00100-2-62304
https://kanki-pub.co.jp/

印刷所──シナノ書籍印刷株式会社

乱丁・落丁本はお取り替えいたします。購入した書店名を明記して、小社へお送りください。ただし、古書店で購入された場合は、お取り替えできません。
本書の一部・もしくは全部の無断転載・複製複写、デジタルデータ化、放送、データ配信などをすることは、法律で認められた場合を除いて、著作権の侵害となります。
©Kaoriyukari 2025 Printed in JAPAN　ISBN978-4-7612-7784-0 C0095